新时代中小学美术校本课程

剪出精彩

张春莉 编著

XINSHIDAI
ZHONGXIAOXUE
MEISHU
XIAOBENKECHENG
JIANCHU JINGCAI

长江出版传媒 湖北美术出版社

目 录
CONTENTS

1　前言

2　第1课　剪纸的历史和流派

6　第2课　剪纸的特点和意义

10　第3课　剪纸的常用工具

12　第4课　剪纸基础知识

16　第5课　基本形·圆形

18　第6课　基本形·月牙形

20　第7课　基本形·柳叶形

22　第8课　基本形·水滴形

24　第9课　基本形·锯齿纹

26　第10课　基本形·云纹

28　第11课　基本形·鱼鳞纹

30　第12课　对折·蝴蝶翩跹

第13课　五等分·桃花朵朵　32

第14课　六等分·雪花纷纷　36

第15课　八等分·团团圆圆　40

第16课　刀工·游刃有余　44

第17课　复制与粘贴　48

第18课　衬色剪纸·云想衣裳　50

第19课　多层次衬色剪纸　52

第20课　创意剪纸·致敬大师　56

第21课　肌理与质感·青铜时代　60

第22课　肌理与质感·青花烟雨　64

第23课　立体剪纸·汉服娃娃　68

第24课　立体剪纸·变废为宝　72

作品欣赏　76

在农耕文明中产生的剪纸艺术，寄托了中国人对美好生活的无限向往。纯朴善良的人们把对生活的赞美和希望通过剪纸表达出来，就像为生活唱了一首热烈而纯朴的歌，体现了中华民族深厚隽永的民情与风俗。

人们习惯通过谐音和象征的手法，用剪纸给生活中的各种事物都赋予美好的含义：剪一朵花儿，是对春天的期盼；剪一只公鸡，是比喻大吉大利；剪一串葡萄，是希望多子多孙；剪一只蝙蝠，是期望福气满门；剪一个蟠桃，是希望长寿；剪只只蝴蝶翻飞，是表现欢天喜地；剪条条金鱼嬉戏，是期待金玉满堂。这些看似俚俗的民间艺术，在历史的长河中得到了社会各个阶层的欣赏，逐渐为广大人民所喜爱。无论黄土高原还是江南水乡，无论偏远乡村还是繁华都市，每逢佳节，都能见到一幅幅精美的剪纸，烘托了欢乐的气氛，装点了美好的环境。

身为中国人，我们有责任将优秀的中华传统文化发扬传承下去。同学们应该了解一些剪纸文化，学习一些剪纸技巧，让优秀的文化薪火相传。我们虽然不是民间艺术大师，但是只要认真地学习，也能把对生活的热爱表达出来。

2001 年，我开始从事剪纸课程的研发工作，至今已积累了多年的经验。于是我编写了这本剪纸教程，希望为同学们搭建一座通往民间艺术的桥梁。

同学们每当看到优秀的剪纸作品，在赞叹之余，也会质疑自己能剪得出来吗。其实剪纸并没有想象中那么难。通过学习这本教材，同学们能轻松掌握剪纸的技巧。书中的课程用循序渐进、深入浅出的方式，把剪纸过程拆解成详细的步骤，再像"搭积木"一样组合成复杂的作品。在初始阶段，我们只学习一些很简单的技巧，等熟悉后，再来学习稍微复杂一些的技巧。慢慢地，有些同学便能成长为剪纸高手，也许会在将来成为民间艺术大师。

我在多年的教学工作实践中，见证了许多同学学习剪纸的过程：有的同学学会了剪纸，并能够举一反三，做出令人惊喜不断的作品；而有的同学也许会遇到"一剪没"的情况（一剪刀下去，什么都没剪出来）；还有的同学不擅长手工，没能剪出满意的作品。我认为，同学们不必纠结于结果，倘若若干年以后，同学们回忆起自己学剪纸的过程，还能感受到剪纸中的审美价值和美好愿景，不忘创造美的体验，这就足够了！

让我们一起来学习吧！

最后，本书顺利付梓，得到了武汉市三店学校的大力支持，在此特表感谢！

张春莉

2021 年 1 月 5 日

剪纸的历史和流派

✂ 什么是剪纸

剪纸，是以剪刀和刻刀为主要工具，以纸张为主要材料，通过对纸张的剪切、镂刻，把纸剪成花草、动物、人物等形象的一种中国传统手工艺术形式。（图 1.1、1.2）

图 1.1 金玉满堂

图 1.2 唐代剪纸（复原件）

✂ 剪纸的历史

在有纸张以前，人们就开始在金箔、丝织品、皮革，甚至是树叶上剪刻图案和花样，为剪纸的发展积累了技法和形式的基础。《史记》中记载了"剪桐封弟"的故事：周成王把梧桐树叶剪成圭的形象，送给他的弟弟叔虞，把他分封为"唐"地的诸侯，因此叔虞日后被称为唐叔虞。

在汉代，宫廷里会用剪纸和布帛做招魂幡，在正月十五由祭祀的人跳特殊的舞蹈，舞蹈结束后，祭司会把招魂幡扔进火堆里烧掉，用来祭祀先祖，驱散邪魔，祈求福寿。

最早的剪纸作品实物是 1959 年在新疆出土的北朝团花剪纸，距今已经有约 1500 多年的历史了。当时使用的纸是麻纸，作品通过多次折叠后剪刻完成，技法娴熟、造型优美。（图 1.3 ~ 1.5）

图 1.3 蝴蝶团花（复原图）　　图 1.4 对猴团花（复原图）　　图 1.5 对马团花（复原图）

　　唐代诗人杜甫有"剪纸招我魂"的诗句。唐代有在正月初七过"人日"的习俗。在这一天，人们将纸剪成人形，用作节日祭祀。唐代还有一种工艺，是把金箔剪成图案，贴在铜镜背后，反复填漆后再打磨抛光，这样镜子的背后会呈现金光灿烂的装饰效果。这种方法始于汉代，盛行于唐代，其基础工艺就是延伸了对剪纸的运用。

　　宋代剪纸不仅用于祭祀，还被应用于瓷器花样的烧制、皮影戏的制作和蓝印花布的加工中。尤其是在瓷器的纹饰设计中的应用，在大量民用瓷器的生产上起到了关键作用。南宋时期更是有了以剪纸为生的手工艺人。人们用剪纸的形式雕刻皮影戏的道具；蓝印花布的制作也用到了剪纸，人们把纸板镂空，做成各种图案，将这些图案转印到布匹上，让花布的纹饰更加丰富。

　　到了元代，如果久雨不晴，民间就会剪一种叫作"扫晴娘"的剪纸作品。用白纸做头，红绿纸做衣裳，手拿扫帚朝天，挂在高处，期盼天气尽快放晴，不再阴雨绵绵。（图 1.6、1.7）

图 1.6 扫晴娘（单色，仿制）　　　　　图 1.7 扫晴娘（彩色）

明清时期，剪纸已经发展得十分成熟，在婚丧嫁娶、节日祭祀、居家装饰、手工艺制作等方面都得到充分应用。明代有"夹纱灯"这种工艺品，就是把剪纸作品夹在两层纱中间，点燃烛光后，映照出剪纸花纹，具有一种特殊的装饰美感。

到了现代，剪纸可以用作特定节日的装饰，还可以用作绣花的绣样，美化人们的生活空间。（图1.8、1.9）新中国成立后，剪纸的造型和表现内容更加新颖。

更多新生事物成为剪纸表现的题材，剪纸更加贴近人们的日常生活。

2006年5月20日，剪纸艺术遗产经国务院批准列入第一批国家级非物质文化遗产名录。2009年9月28日至10月2日举行的联合国教科文组织保护非物质文化遗产政府间委员会第四次会议上，中国申报的中国剪纸项目入选"人类非物质文化遗产代表作名录"。

图1.8 民间绣样

图1.9 民间绣样（云肩）

剪纸的分类

1. 按用途分

张贴：在特定时间段，将剪纸张贴在门窗、家具、墙壁上，表达吉祥含义。

摆放：摆放剪纸作品来美化环境，起到装饰作用。

刺绣：用于制作刺绣作品的剪纸图样。

印染：用来做印染用的剪纸版。

2. 按色彩分

单色剪纸：顾名思义，为单一颜色的剪纸。单色剪纸是剪纸中最常见、最基本的形式。

彩色剪纸：有两种以上色彩的剪纸作品就可称为彩色剪纸。

3. 按制作方法分

染色剪纸：用白色宣纸制作剪纸作品，然后直接点染上色。（图1.10）

衬色剪纸：作品以镂空为主，镂空处衬托其他颜色。（图1.11）

分色剪纸：剪纸作品不同的分区使用不同的颜色。

填色剪纸：将单色剪纸贴到纸上，直接在背景纸上填色。

4. 按表现形式分

平面剪纸：只占二维空间的剪纸作品是平面剪纸。

立体剪纸：经过特殊处理，让剪纸在纸材上变化或者与其他材料结合，让剪纸立体起来的作品就是立体剪纸。

图 1.10 染色剪纸·耕作

图 1.11 衬色剪纸·蝶恋花

✂ 剪纸的流派

剪纸艺术在中华大地流传，与各地风俗习惯相结合，按照地域分成了不同的流派。河北、山东、陕西、山西、浙江、福建、广东都有各自风格显著的特色剪纸。其中比较知名的有瑞昌剪纸、南京剪纸、邳县剪纸、高密剪纸、佛山剪纸、台江剪纸、安塞剪纸、陇东剪纸、浮山剪纸、滨州剪纸、蔚县剪纸、山西剪纸、庆阳剪纸等。

一般看来，北方剪纸古朴粗犷（图1.12），南方剪纸细腻温婉（图1.13）。不同流派的剪纸在使用工具、纸张选择、剪纸技法、作品风格上也各具特色。例如：河北蔚县剪纸是用宣纸剪刻后点染颜色而成，色彩绚丽，鲜艳明快；广东佛山剪纸以铜箔做剪纸材料，使得作品金碧辉煌，独树一帜。

图 1.12 北方剪纸·女娲

图 1.13 南方剪纸·仕女

剪纸的特点和意义

✂ 剪纸的特点

在造型艺术世界里，剪纸有独特的造型语言和审美体系。它以刀或剪刀作为造型工具，以纸为媒材，以变化多端、充满寓意的形象为人们所喜爱。

图 2.1 桃子照片

图 2.2 寿桃

1. 造型特点

剪纸艺术在造型上把形象平面化、剪影化，用概括、夸张、变形的方法，让造型极具艺术魅力。

真实的桃子圆润饱满（图 2.1），剪纸作品中的桃子（图 2.2）被平面化处理了，被去除了颜色和体积感，变成了剪影。这就是平面化和剪影化。

在现实生活中，三月桃花盛开，五月桃树结果。桃花开时，几乎不长叶子，桃树结果的时候，桃花已经凋谢了。但是在剪纸作品中，桃子、桃花、桃叶，这三个不可能同时出现的形象可以在同一个画面里存在。这种"跨越时空"的处理，就是艺术来源于生活但是高于生活的表现。

2. 寓意特点

剪纸有多种吉祥含义，一般为祈求多子多福、长寿安康、生活美满，期待招财纳福，驱邪禳灾，都是对美好生活的向往。剪纸作品运用象征、比喻、暗喻、谐音、双关等各种手法，来表达这些吉祥的含义。

◎ 象征

剪纸的第一种表达吉祥含义的手法是象征。象征是根据事物之间的某种联系，借助形象的具体事物，表现抽象的事理或某种精神品质。

桃子象征长寿，就是借用吃了王母娘娘蟠桃园中的桃子可以长生不老的民间传说。（图 2.3）

葡萄、石榴果实中籽很多，象征了多子。（图 2.4）

牡丹花开，色彩浓丽花朵硕大，象征着富贵。（图 2.5）

图 2.3　灵猴献寿

图 2.4　松鼠葡萄

◎谐音

剪纸的第二种表达吉祥含义的手法是谐音。谐音是利用语言文字上同音或近音的关系引发联想或想象。谐音是剪纸中最常用的手法。

例如："鸡"和"吉"谐音，剪一只大公鸡，就表示大吉大利，吉祥如意。（图2.6）

以梅花鹿的鹿和"禄"谐音，象征福运。（图2.7）

剪纸作品常常把多种具有吉祥含义的形象组合在一起，形成具有特定含义的作品。

图 2.5　花开富贵

图 2.6　大吉大利

图 2.7　禄

图 2.8 福在眼前

图 2.9 多子多福多寿

图 2.10 喜上眉梢

图 2.11 竹报平安

蝙蝠和铜钱组合是"福在眼前"。（图 2.8）

石榴、蝙蝠、寿桃在一起，是"多子多福多寿"。（图 2.9）

喜鹊站在梅树梢上，是"喜上眉梢"。（图 2.10）

竹子和花瓶在一起是"竹报平安"。（图 2.11）

◎双关

在一定的语言环境中，利用语言文字上同音、同形或同义的关系，使语句具有两种意思，言在此而意在彼，这一种手法叫作双关。

例如：一个娃娃拿着量米的升，一手指着太阳，就是"指日高升"。（图2.12）

猴子站在马上，就是"马上封侯"（图2.13），表示马上就要被封为侯爵，寓意加官进爵。

剪纸艺术的吉祥寓意，反映了来自民间的朴素的愿望，源于人类自古以来趋利避害的心理，是人类精神活动的物化形象。

图 2.12　指日高升

✂ 剪纸的意义

中国民间剪纸艺术作为一种传统文化，继承了千百年来人们熟悉的视觉形象和造型样式，蕴含了丰富的文化内涵。

剪纸是民间艺人集体智慧的结晶，反映了生长在中华大地的中国人对美好生活的向往。中国剪纸能够传承千古，不仅仅是因为其形式美，更是因为作品中吉祥的寓意让人们由衷喜爱。

学习剪纸不仅能提升我们的审美水平，让我们创作出优美的作品，树立文化自信，更能继承和发扬剪纸艺术，为复兴中华优秀传统文化贡献自己的力量。

图 2.13　马上封侯

第 3 课

剪纸的常用工具

工欲善其事，必先利其器。要学习剪纸艺术，创作出美丽的作品，首先要选择合适的工具。

剪纸一般会用到剪刀和刻刀（图3.1、3.2）。

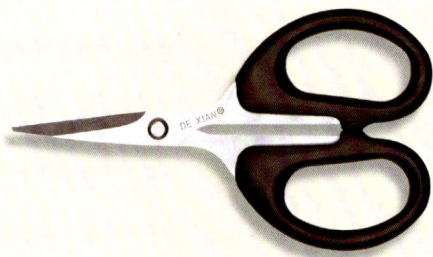

图3.1 剪刀

✂ 剪刀

剪刀有各种各样的款式，剪纸要选择轻便、锋利、灵巧的。为了安全起见，初学剪纸的时候，一般挑选圆头的剪刀。但当需要做出更加复杂的剪纸作品时，则需要选择尖头的剪刀，这样在制作作品时方便剪出我们需要的形状。在使用尖头剪刀的时候，也一定要注意安全，要防止误伤自己和他人。

很多人以为剪纸就只是用剪刀来完成的，其实不然。无论是用剪刀还是刻刀，只要作品的造型语言和剪纸一致，都是剪纸作品。

有时，要完成更加精美的作品，只用剪刀是不够的。镂空的部分较小的话，刻刀比剪刀更合适。有的作品在最纤细处不足 1mm²（图3.3），剪刀尖伸不进去，还是需要用刻刀来完成精细刻画。

图3.2 刻刀

刻刀

刻刀的种类非常多。有的人会选用德国、台湾制造的，也会有人选择国内生产的专用剪纸刻刀。实际上，长期的实践证明，即使是一把普通的美工刀，用得好，也能做出令人叹为观止的作品。所以无论是初学者，还是经验丰富的创作者，都可以选用普通的美工刀，刀片钝后还可以折断，替换新的刀片，而且价格低廉、环保实用。

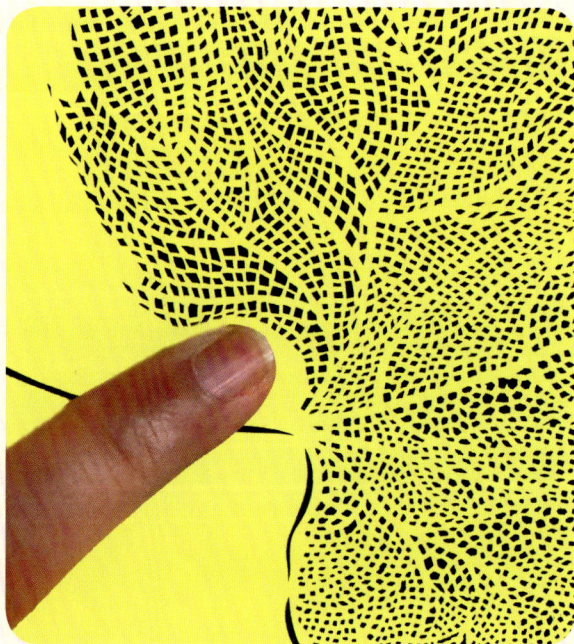

图3.3 镂刻细节

使用刻刀的时候，一定要用垫板（图3.4），这样有利于做出高质量的作品，也有利于保护刀刃，延长刀片的使用寿命，同时也可以保护桌面。

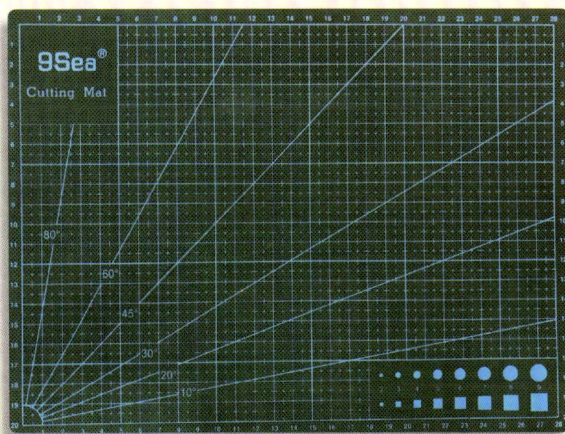

图3.4 垫板

垫板

　　垫板可以选用专业的切割垫板。这样的垫板材质细密，软硬合适，即使被刀划过也可以自动复原，方便使用。在没有垫板的时候，也可以用旧书、旧报纸替代。

纸张

　　剪纸必须要用到纸张。可以用最普通的单色打印纸，也可以用夹宣、彩色宣纸、单色的大红纸、牛皮纸、硫酸纸、蜡光纸等各种纸材。（图3.5）

图3.5 纸张

图3.6 拷贝

拷贝

　　拷贝就是将剪纸图案转移到纸上。绘画能力强的人可以直接画，但是也不能保证无差别复制。要做到完整复制，就需要拷贝。拷贝可以使用专业的拷贝桌、便携式拷贝台或者使用复写纸。（图3.6）

如果需要一次性制作大量剪纸，会用到蜡盘和角度特殊的刻刀。这些是民间剪纸艺人常用的传统工具。

第 4 课
剪纸基础知识

要学习剪纸，得先了解一些关于剪纸的基础知识，明确剪纸的概念。

图 4.1 操作面

图 4.2 欣赏面

✂ 欣赏面与操作面

剪纸是一种镂空的艺术，通常来说，只有其中一面供人欣赏，而画图、剪刻就在另一面完成。为了方便学习剪纸，我们把用于画图、剪刻的面称为操作面（图 4.1），而供人观赏的那一面称为欣赏面（图 4.2）。

在欣赏面上，要保持整洁干净，不可以有任何笔迹划痕和污迹。在操作面上，即使是画错了也不用擦除错误的痕迹再来修改，只需要画出正确的线条，沿着正确的线条剪刻就可以了，因为操作面不用于展示，可以不用顾忌。而且，对于纸张而言，橡皮的摩擦会影响纸张的挺括程度，让纸张变软，不利于呈现最好的效果。当然，能保持操作面的整洁干净，是非常好的习惯，对于我们学习剪纸来说，这能让我们始终保持作品的整洁。

✂ 阴刻与阳刻

在单色剪纸中，经常使用的技法是阴刻与阳刻。

阳刻是在剪纸作品中，把图案保留下来，去掉图案之外的部分。阳刻讲究线线相连，连缀不断。作品以线条造型为主，纤细隽永。（图 4.3）

阴刻是把剪纸作品中的图案去掉，保留图案以外的部分。阴刻讲究线线不连，笔笔相断。作品以块面造型为主，整体大方。（图 4.4）

在一幅剪纸作品中，阴刻与阳刻往往是结合应用的。我们在创作剪纸作品时，也可以按照画面需要灵活选择。一根线条在作品中可以在阴、阳刻间自由转换。作品《母女》（图 4.5）大部分采用了阳刻，而在月亮处的枝条和人物身体的部分，采用了阴刻。

图 4.3 阳刻

图 4.4 阴刻

图 4.5 母女

图 4.6 春风·羊

想一想

《春风·羊》（图 4.6）中，花枝的线条就使用了"阴进阳出"的方法，让作品阴刻与阳刻巧妙结合，自然流畅。你能找出哪里用了阳刻，哪里用了阴刻，哪里是阴阳刻结合的吗？

✂ 折叠与对称轴

　　折叠，是制作剪纸作品时常用的技法。折叠时，要将纸张沿着对称轴整整齐齐地折叠好，边角都要严丝合缝地对整齐。

　　对折是剪纸中常常出现的，对称轴是对称作品非常重要的一部分（图4.7）。在制作剪纸作品时，一旦弄反了对称轴的方向，就会出现作品被一分为二的情况，也就造成了我们常说的"一剪没"。比如，本来想得到一个可爱的小花猪，结果把对称轴的方向放反了，小猪也被分成了两半。为了避免这种失败，在开始剪刻对称作品之前一定要弄清楚对称轴的方向，保证作品的准确性。（图4.8、4.9）

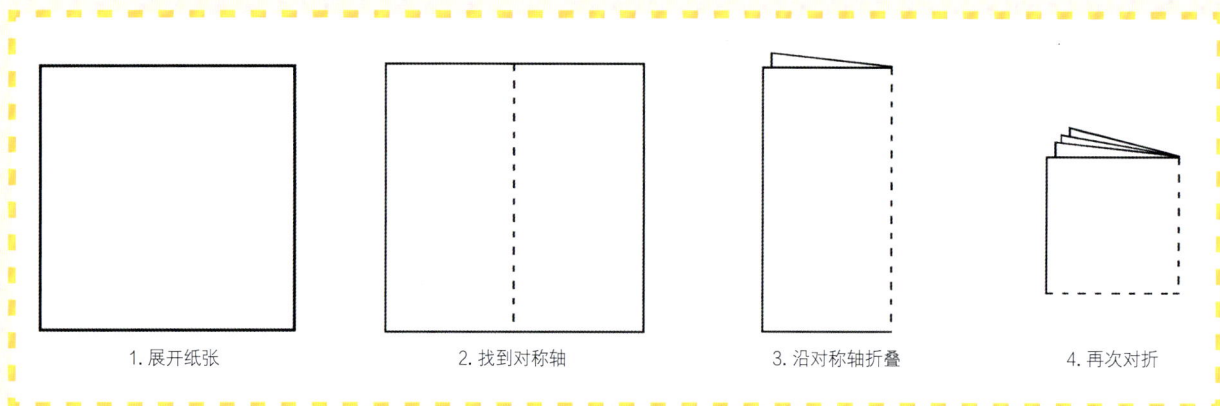

1. 展开纸张	2. 找到对称轴	3. 沿对称轴折叠	4. 再次对折

图 4.7　对折

图 4.8　对称轴正确的结果　　　　图 4.9　对称轴错误的结果

剪出精彩

在多次折叠的作品中，除了要注意图案和对称轴的关系，还要注意图案放置的方向。如下面的剪纸图案放置的方向错误，作品由从中心发射的状态变为了离散的状态，影响了画面效果。（图4.10、4.11）

图 4.10　图案放置方向正确的示例

图 4.11　图案放置方向错误的示例

找一找

在一幅作品中，阴刻和阳刻是可以组合应用的，请在作品《莲生贵子》（图4.12）中分别找出阴刻和阳刻的部分。

图 4.12　莲生贵子

第5课

基本形·圆形

精美的剪纸作品因其独特的魅力吸引人的眼球。无论它看起来多么繁复，只要仔细观察，就不难发现，它们都可分解为最小的造型单元——基本形。基本形就像儿童玩的积木，可以被组合成新的造型。变化无穷的排列组合正是创造的魅力所在。因此，要学好剪纸就要学习剪纸的基本形。

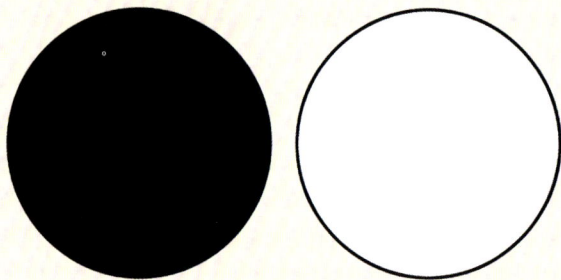

图 5.1　圆的基本造型

✂ 形态

圆形是剪纸中出现频率比较高的基本形。圆，造型饱满，寓意圆圆满满，是对太阳、满月的模仿。在剪纸作品造型中，圆既可以单独成面，也可以作为圆点装饰，还可以排列成线条，充满变化。（图 5.1）

图 5.2　飞鸟

✂ 应用

圆形在剪纸作品中出现的频率极高，用于表现动物的眼睛、花朵的花蕊等。

作品《飞鸟》（图 5.2）和《花蕊》（图 5.3）是风格简洁明快的剪纸作品。作品中鸟的眼睛、鸟嘴里的果实、花的花蕊都是由圆形组成的。圆形是这两幅作品的主要造型要素。

大的圆可以成为面，小的圆可以排列成线，如大小疏密排列得当，圆形还能让画面产生渐变效果。

图 5.3　花蕊

✂ 特征和剪法

圆形的特点是圆润，边缘线光滑。

圆形的常规剪法是从圆心开始，沿着半径剪到圆周，一边缓缓转动纸张一边剪，这样就能在不画圆的情况下，剪出一个形状比较标准的圆形出来。（图5.4）

对折剪法是一种比较省时省力的方法：将纸张对折后，画出半圆再剪出，就能得到一个圆形。（图5.5）

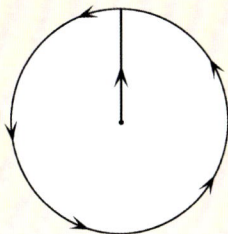

图5.4 常规剪法

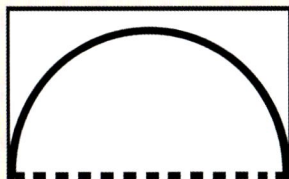

图5.5 对折剪法

🔍 找一找

翻看本课的剪纸作品，找出哪些地方运用了圆形，这些圆形分别表现了什么形象。

练一练

1. 用常规剪法和折叠剪法剪圆形。
2. 尝试剪出带有圆形的作品。

✂ 练一练

东方明珠

礼物

豚鱼

喜上眉梢

剪出
精彩

第 6 课

基本形·月牙形

月亮有阴晴圆缺的变化。每当农历月头，新月初升，就会出现唐朝诗人白居易曾在《暮江吟》中写到的景象：可怜九月初三夜，露似真珠月似弓。

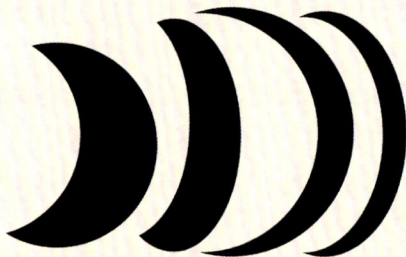

图 6.1 月牙的基本造型

✂ 形态

月牙形也是剪纸作品中经常出现的基本形，它因模仿了弯弯的明月而得名。在剪纸中可以在月牙形的大小和外形上进行变化。（图 6.1）

图 6.2 表情包

✂ 应用

月牙形可以用来表现眼睛的外轮廓、弯弯的眉毛、树叶，也可以用来做物体结构的分隔线，还可以单纯作为剪纸作品中的装饰。

作品《表情包》（图 6.2）将圆形和月牙形这两个基本形组合在一幅画面里，用剪纸的方式表现了社交软件里常用的表情。作品中用到很多月牙形，比如弯弯的眼睛、咧开的嘴巴。在把眼睛和嘴巴的方向进行调整后，表情就产生了变化。

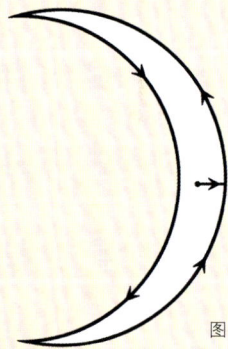

图 6.3 常规剪法

✂ 特征和剪法

要剪好月牙，就需要表现出它的特点。月牙形的特点是两头尖、细，线条圆润光滑。

剪月牙形可以从中间空白最多的地方开始，然后沿着边线剪出弯弯的月牙（图 6.3）。也可如图用对折的方式剪出月牙形（图 6.4）。

图 6.4 对折剪法

找一找

本课剪纸作品中有很多月牙形，你能找出来吗？这些月牙形分别表现了什么形象？

练一练

1. 用不同的方法剪出月牙形。

2. 思考月牙还可以表现哪些形象。试一试用月牙形来做剪纸作品。

✂ 练一练

兔子先生

兰草

度假

瓜瓞绵绵

第 7 课

基本形·柳叶形

柳，是中国文化中重要的符号。诗经《采薇》中有"昔我往矣，杨柳依依"的名句。唐朝更有"灞桥折柳"，赠别友人的典故。因柳与"留"同音，有惜别之意，折柳送别在漫长的岁月中成为离人的共同心声，表达了恋恋不舍的挽留之情。

柳叶也是中华传统文化中的重要视觉要素。"不知细叶谁裁出，二月春风似剪刀""草色遥看近却无，绝胜烟柳满皇都"，这些描写柳叶的名句，是对春回大地，万物复苏的歌咏。

图 7.1　柳叶的基本造型

形态

柳叶形也是剪纸的基本造型元素之一，因像柳树叶子的形状而得名。柳叶形既可以是对称图形，也可以按照作品的需求进行自由变化。柳叶形既可以表现具体形象，也可以纯粹作为剪纸作品中的一种装饰。（图 7.1）

应用

柳叶形可以表现树叶、麦穗、花瓣、辫子、眼睛等形象，也可以作装饰图案。（图 7.2）

图 7.2　柳枝蝴蝶

这幅《喜悦》（图 7.3）运用了很多柳叶造型，无论是女孩的刘海、辫子还是麦穗的脉络，都是用柳叶形来表现的。柳叶形还可以组合成花朵。在这幅作品中，女孩衣服与衣领的花纹就是六个柳叶形组合而成的。

图 7.3　喜悦

找一找

在《喜悦》这一作品中，分别运用了哪些基本型？

✂ 特征和剪法

柳叶形的特点是两头尖，中间突出，线条流畅。

柳叶形的常规剪法是按照"哪里空间大剪哪里"的原则，从中间出发，向边缘线剪（图 7.4）。当然也可以对折来剪，横向折叠、纵向折叠来剪都可以，剪的时候注意对柳叶外形的把握（图 7.5）。

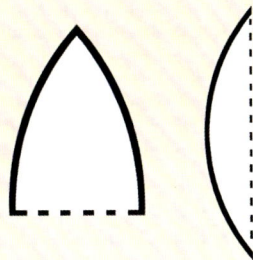

图 7.4 常规剪法　　图 7.5 对折剪法

找一找

找出本课中柳叶形在哪些作品里得到了运用，用来表现什么。

练一练

1. 用不同的方法剪出柳叶形。

2. 思考柳叶形还可以表现哪些形象，试一试用柳叶形来创作剪纸作品。

✂ 作品欣赏

朱雀

母与子

寿桃

花环

第 8 课

基本形·水滴形

在太阳系中,地球是唯一一个被水覆盖的星球,71% 都是水体。水是人类赖以生存的基础。水无色透明,看似无形,柔若无骨,却能随着容器的形状而变化。水的力量不容小觑,涓涓细流能救活一株小草,滔天洪水能摧毁村庄和城市。水可载舟,亦可覆舟。宋朝哲学家朱熹说:"问渠那得清如许,为有源头活水来。"是在比喻我们学习知识要不断更新和发展,才能如有源头活水,永远保持活力。

图 8.1 水滴的基本造型

形态

水有三种形态:气态、固态和液态。水滴是液态的水滴落或者流动到末端的时候形成的。

水滴形也是剪纸中比较常见的。水滴的造型可以有丰富的变化。(图 8.1)

应用

水滴可以表现花瓣、雨水、眼睛的外轮廓等。

在《风车》(图 8.2)这幅作品中,有哪些地方用到了水滴形?你能把它们找出来吗?

图 8.2 风车

特征和剪法

水滴形上面尖尖,下面圆圆,尖头部分还可以左右变形。

剪水滴形可以从中间空间最大的地方下剪刀,然后沿着边缘线剪出整个形状(图 8.3)。对称的水滴造型还可以用对折的方式来剪,这样比较容易完成(图 8.4)。

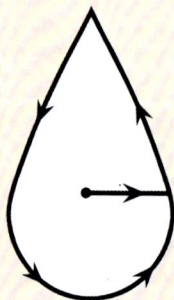

图 8.3 常规剪法

图 8.4 对折剪法

图8.5 蝴蝶

✂ 练一练

小老虎

蜻蜓

花丛

下雨了

基本形·锯齿纹

动物的皮毛柔软细腻，为了表现出这种质感，民间艺人用线条组成了锯齿纹。连续不断的锯齿纹按照一定的规律排列，就能表现出特定的效果。锯齿纹除了表现皮毛，还可以表现花瓣的脉络。

✂ 形态

锯齿纹是锯齿状的花纹。锯齿纹在运用过程中逐渐演化，现在大多用于模仿动物的毛发，所以也被称为"毛毛剪"。（图9.1）

9.1 锯齿纹的基本造型

✂ 应用

锯齿纹可以用来表现走兽的毛发、飞鸟的羽毛、排列密集的褶皱、花瓣的脉络等。在作品《花儿》（图9.2）和《森林的夜》（图9.3）里，我们可以轻易看出锯齿纹的运用。刺猬的刺和蘑菇的褶皱都是用它来表现的。

9.2 花儿

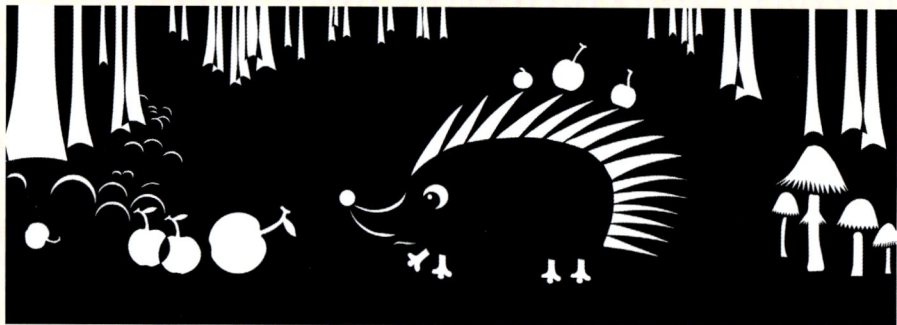

9.3 森林的夜

🔍 想一想

观察作品《兔子乖乖》（图9.4）里运用了哪些基本形。有哪些地方运用了锯齿形？

9.4 兔子乖乖

以下开始

✂ 特征和剪法

　　锯齿纹有一定的装饰性，其特征可以用三个字来形容：尖、匀、细。

　　锯齿纹还可以随着外形的变化而变化（图9.5～9.8）。在创作中剪锯齿纹要顺势而为，才能让作品更精彩。

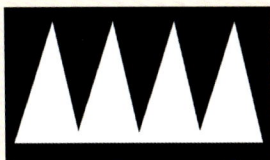
图9.5 直线锯齿纹

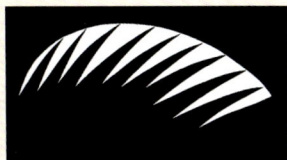
图9.6 弧线锯齿纹

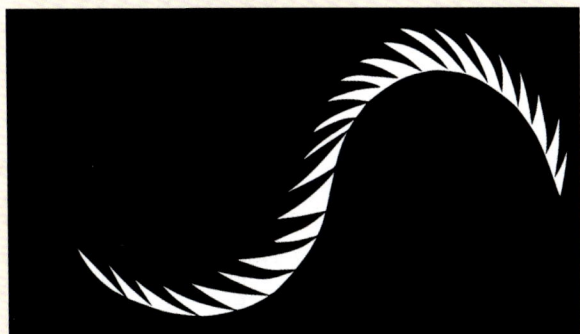
图9.7 曲线锯齿纹

图9.8 水滴形锯齿纹

　　锯齿纹作为剪纸作品的内部装饰时，要先剪出锯齿纹所在的外轮廓，再来剪锯齿。锯齿纹作剪纸作品外轮廓时，就直接顺着外边缘剪出。（图9.9）

1.剪出锯齿纹所在的曲线　　2.沿着曲线剪出锯齿形
图9.9 锯齿纹的剪法

找一找
　　找出本课中哪些作品里用到了锯齿纹，分别用来表现了什么。

练一练
　　1.剪出不同的锯齿纹。
　　2.思考锯齿纹还能表现什么形象，试一试用锯齿纹来创作剪纸作品。

瓶花

✂ 作品欣赏

喜上眉梢

松鼠

鹅毛笔

剪出精彩

第 10 课

基本形·云纹

天空的流云，变幻莫测。数千年前我们的祖先仰望天空的时候对变化无穷的云充满了好奇。云纹就从那个时候开始形成，先民们把云的造型抽象化。

想一想

找出作品《凤凰于飞》（图 10.3）里用了我们学过的哪些基本形。

✂ 形态

云纹是对天空中云朵的模拟，形态潇洒飘逸。（图 10.1）

图 10.1　云纹的基本造型

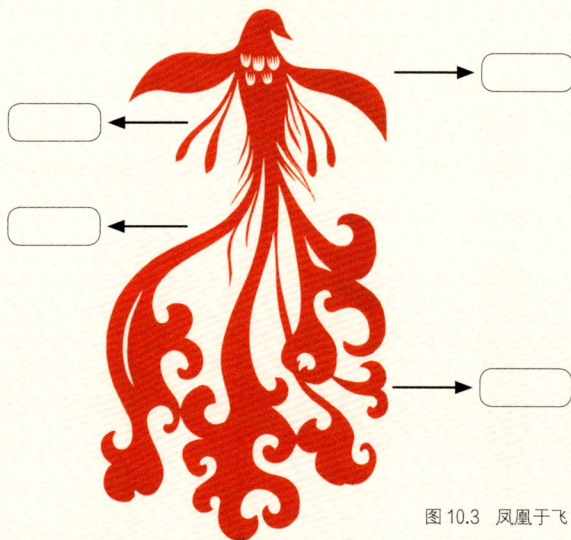

图 10.3　凤凰于飞

✂ 应用

云纹用来表现云彩，也可以用作作品中的其他部位的装饰。（图 10.2）

图 10.2　大吉大利

✂ 特征和剪法

剪纸中的云纹为了模拟天空中云的形态，表现其飘逸的特点，在造型时通常以蜿蜒的曲线来塑造。

要剪好云纹，需要从云纹的中心出发，沿着边缘不断转动纸张，剪刀也要随角度变化不断调整，上下翻飞，才能剪出流畅的云纹。（图 10.4）

云纹还有其他不同的变形（图 10.5），无论是哪种，都尽量用曲线，少用直线，因为实际都是随风飘动的，外形比较自由，适合用曲线表达。

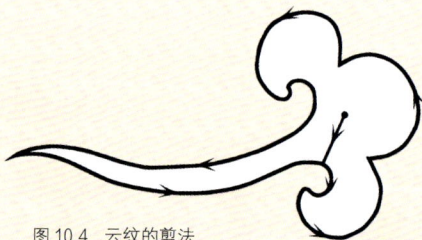

图 10.4　云纹的剪法

图 10.5　云纹的变形

找一找

找出云纹在本课哪些作品里得到了运用，分别用来表现了什么。

练一练

1. 剪出不同的云纹。可以参考一些云纹图案。（图 10.6）

2. 思考云纹还能表现什么形象？试一试用云纹来创作剪纸作品。

图 10.6 云纹的参考

✂ 作品欣赏

森林

藻井

多子多福多寿

云·雀

第 11 课

基本形·鱼鳞纹

鱼鳞是鱼身体表面的鳞片，是鱼用来保护自身、防止水分流失的外壳。在艺术作品中，鱼鳞的排列要有一定规律。层层叠叠的鱼鳞覆盖着鱼的身体，产生一种有秩序的美感。

图 11.2 连年有余

✂ 形态

鱼鳞纹模拟了鱼的鳞片，同一个形状层层叠叠的排列，呈现出了秩序之美。（图 11.1）

图 11.1 鱼鳞纹

✂ 应用

在剪纸艺术中，鱼鳞纹一般在鱼的身体上最常见，在龙、蛇以及一些鸟的身体上，也是很常见的。（图 11.2）

图 11.3 圆片型

✂ 特征和剪法

鱼鳞一般呈扇状，鱼鳞纹的特点是按照基本形的规律重复。成语"鳞次栉比"就是指像鱼鳞和梳子齿一样一个挨着一个紧密排列的样子。

要剪好鱼鳞纹，需要把握鱼鳞纹的特征，做到有规律地排列，大小尽量一致。鱼鳞的大小和排列的疏密，还可以随着作品外形的变化而变化。

鱼鳞纹有以下几种不同的形式。（图 11.3 ~ 11.5）

图 11.4 圆点型

图 11.5 锯齿纹型

练一练

画出鱼鳞纹，剪出几种不同的鱼鳞纹。可参考以下图片进行练习。（图 11.6）

图 11.6 鱼鳞纹的参考

作品欣赏

花雨伞

金玉满堂

富贵有余

蛋糕裙

第12课

对折·蝴蝶翩跹

蝴蝶是春天常见的昆虫，有靓丽的翅膀、轻盈的姿态，在百花丛中翩翩起舞，惹人喜爱。蝴蝶也是是剪纸中常见的艺术形象，它代表了阳春美景（图12.1）。由于梁祝故事的广为流传，蝴蝶也是美好爱情的象征。蝴蝶和瓜果的组合，以谐音的方式表达了"瓜瓞绵绵"，期望子嗣繁衍不绝。猫和蝴蝶组合，寓意"耄耋之年"，意思是祝福老人长寿。

图12.1 蝴蝶剪纸

技法运用

● 对折

蝴蝶左右对称，所以可以用对折的方式来完成，事半功倍。对折的时候，要先找到对称轴，图案的中轴线要和纸张的对称轴放在一起，这样才能剪出完整的蝴蝶。

方法步骤

1. 准备一张长方形的纸。

2. 将纸张对折后，画上半只蝴蝶的图案。

3. 把要剪掉的部分画上记号。

4. 剪去需镂空的部分。

5. 先剪内部，再剪外形。

6. 展开，一只蝴蝶就完成了。

剪出精彩

图 12.2　参考图例

✂ 作品欣赏

蝴蝶图例 1

蝴蝶图例 2

蝴蝶图例 3

蝴蝶图例 4

蝴蝶图例 5

蝴蝶图例 6

第13课

五等分·桃花朵朵

春季百花盛开，繁盛的花朵充满了生机，成为春天人们出去踏青观赏的盛景。

桃花（图13.1）、梨花、李花、樱花在春天开放，蓝雪花（图13.2）在夏天开放，这些花都有一个共同的特点——五个花瓣，因此也叫"五瓣花"。这在花朵中是很常见的。让我们用剪纸表现五瓣花吧！

图 13.1 桃花

✂ 技法运用

● 五等分

用剪纸表现五瓣花，可以用折叠的方式先将纸五等分，再来画出花瓣的外形和花瓣中的纹理，这样剪出来就是一朵漂亮的花了。

我们还可以用同样的方法剪出不同的花朵，用我们的双手和剪刀创造一个属于我们的缤纷花季。

图 13.2 蓝雪花

✂ 方法步骤

1. 准备一张长方形的纸。

2. 沿长轴对折。

3. 捏出对称轴的中点。

4. 在中点上轻轻做标记。

5. 沿着中点和右顶点折叠。

6. 压平折痕后展开。

7. 将剩余部分沿着刚才的折痕对折。

8. 将最先折出的角折回来。

9. 沿着中间的折痕把纸张对折。

10. 剪掉上面多余的部分，画上半个花瓣。

11. 剪掉不要的部分。

12. 展开，得到一朵桃花。

练一练

1. 练习五瓣花的折叠方法。
2. 尝试剪出简单的五瓣花。
3. 尝试剪出复杂的五瓣花。

想一想

作品《囍》（图 13.3）的中心和其他作品不同。思考一下，它是用什么方法剪出来的。

图 13.3 囍

 作品欣赏

五瓣花图例 1

简单的锯齿纹和双层花瓣的设计，让作品简洁明了。

五瓣花图例 2

单层花瓣和细长的花蕊，以及花瓣边缘的曲线，都完整地表现了花朵。

五瓣花图例 3

此作中间密、周围疏。多变的曲线让作品多了一些抽象的感觉。

五瓣花图例 4

作品里的造型要素排列节奏分明，让花朵呈现一种秩序感。

五瓣花图例5

作品造型饱满。纤细密集的锯齿纹和厚实的边缘线形成了对比关系。

五瓣花图例6

这幅作品简洁而不简单。花朵和叶子的组合让作品有着超现实的感觉。

五瓣花图例7

此作品是在图例4的基础上衍生变化而来的。不同的是，这里把花瓣的边缘做了强化处理，加大了对比度。

五瓣花图例8

密集的锯齿纹形成的空隙，把花瓣和花蕊分割开来，让作品疏密关系得当，具有装饰趣味。

第14课

六等分·雪花纷纷

"北国风光，千里冰封，万里雪飘。望长城内外，惟余莽莽；大河上下，顿失滔滔。山舞银蛇，原驰蜡象，欲与天公试比高。须晴日，看红装素裹，分外妖娆。"

这是毛主席在《沁园春·雪》中对冬天景色的描写。飞舞的雪花是冬天最美的景色。雪花是水的结晶体，据科学家研究得出的结论，每一朵雪花都各不相同。用剪纸也可以表现雪花。（图14.1）

图 14.1 雪花剪纸

✂ 技法运用

● 六等分

雪花是六个瓣的，我们可以通过折叠的方法来实现六等分。

✂ 方法步骤

1. 准备一张正方形的纸。

2. 如图对折。

3. 找出对称轴的中点。

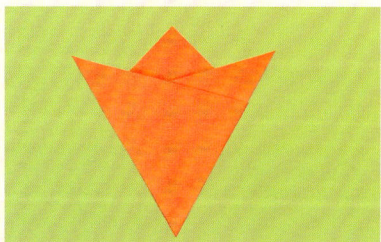

4. 沿着对称轴的中点，把纸张等分成3份。

5. 对折。

6. 剪掉多余的部分。

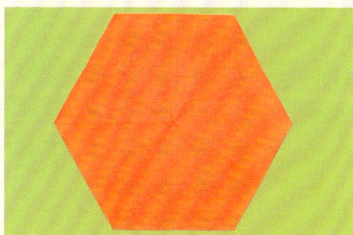

7. 展开能得到一个等边六边形。

8. 重新折回去，用记号笔画上花纹。

9. 沿着画稿剪出来。

10. 展开，雪花完成。

练一练

　　1. 按照上述方法剪一朵雪花。

　　2. 参考书中的图例，创作一幅关于雪花的剪纸作品。

作品欣赏

雪花图例1

雪花图例2

　　以水杉叶片为造型元素创作的雪花作品，风格简洁明快。

　　以雨伞作为造型元素的作品，集中在顶部的面和中间密集的线条形成了对比关系。

剪出精彩

雪花图例 3

以羽毛作为雪花的基础造型,让作品多了几分飘逸。

雪花图例 4

以孔雀翎为造型元素的作品,雪花中心和四周形成强烈的疏密对比关系。

雪花图例 5

此作品参考了蜘蛛网的形象,以线条作为造型基本元素,使得作品具有发射感。

雪花图例 6

此作品看似简单,去掉的部分很多,但是形成了大小不同的块面层层铺开的效果,如同万花筒。

雪花图例 7

箭镞是这个雪花造型的基础,大量短直线的应用让雪花的特征更加清晰。

雪花图例 8

雪花作品中极少出现曲线,而这件作品正是在雪花中巧妙应用了曲线,让雪花更加灵动。

✂ 作品应用

我们可以用雪花剪纸作品贴在门窗上做装饰，也可以用来作为礼品的包装。

● 礼品包装步骤

1. 剪出雪花作品。

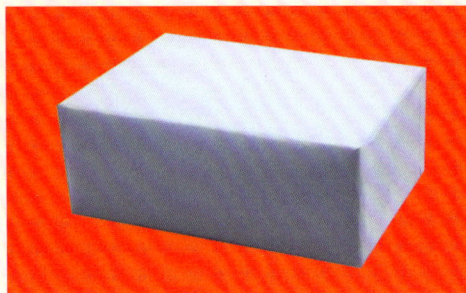

2. 准备好需要包装的礼物。

3. 将剪好的雪花贴在礼物上。

4. 贴上纸花，装饰完成。

● 《芭蕾舞》步骤

1. 雪花芭蕾人物。

2. 剪出雪花。

3. 将雪花套在人物腰部，完成。

八等分 · 团团圆圆

圆形的剪纸统称为"团花",因为造型为圆形,也象征着团团圆圆。团花可以用来作各种装饰,张贴在灯笼上、窗户上(图 15.1、15.2),装点节日的气氛,也可以贴在白纸伞上(图 15.3),作为道具。

图 15.3 装饰纸伞

图 15.1 装饰灯笼

图 15.2 装饰窗户

✂ 技法运用

● 八等分

团花既可以六等分也可以八等分。为了使团花的形态更为饱满,使用频率最高的还是八等分的方法。

✂ 方法步骤

1. 准备一张正方形的纸。

2. 将纸张沿着对角线对折。

3. 再次对折。

4. 再对折。

5. 如图再次对折。

6. 沿着等边长度位置画线,剪开。

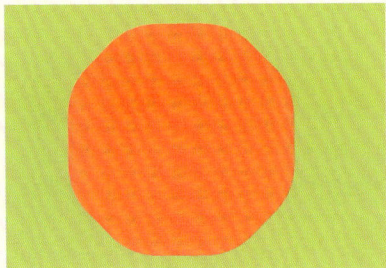

7. 展开得到一个八等分的接近圆的形状。

8. 折回去，画上花纹。

9. 对比原稿，把需要剪去的部分画上标记。

10. 将图案剪出来，展开，团花就完成了。

小贴士

在画花纹的时候，要注意图案的疏密、对比关系，让作品的黑白灰分布得当。

练一练

1. 练习八等分的折叠方法。
2. 用八等分的方法制作团花作品。

想一想

请思考，中心不同的团花剪纸作品《福》（图15.4）是如何制作出来的。

图 15.4 福

✂ 作品欣赏

团花图例1

作品以五瓣花和羽毛状树叶为元素。叶片的块面感让画面厚重，而花和花骨朵则带来灵动之气。

团花图例2

层叠的莲花瓣和繁复的叶片让作品显得生机勃勃，呈现出饱满、富贵的面貌。

团花图例3

作品以莲花瓣和盛开的芙蓉花为造型元素，穿插简洁的叶片，呈现出了明快的节奏感。

团花图例 4

作品中的叶片借
鉴了天葵叶片的外形，
整体布局外实内虚，形
成了"天圆地方"的效
果。

团花图例 5

作品用莲花作为
主要造型元素，穿插卷
草纹，内实外虚，有节
奏感。

团花图例 6

作品把郁金香花
朵造型抽象化，将之与
卷草藤蔓组合起来，使
得作品风格旖旎繁复。

团花图例 7

作品由莲花、莲
蓬、藤蔓等造型元素组
合而成，有着丰富的画
面效果，寓意圆满吉祥。

刀工·游刃有余

刻刀在剪纸中是必不可少的工具。学会使用刻刀是做好剪纸作品的基本功。用刀的练习能帮助我们快速掌握用刀技巧，尽快实现在制作剪纸作品时游刃有余。

图 16.1 横握式

✂ 用刀姿势

要学会用刀，首先要掌握正确的握刀姿势。握刀方式有两种：横握式（图 16.1）、握笔式（图 16.2）。

刀刃不要伸出来太多，以免影响使用时的稳定性。刻刀要和纸面尽量贴近，角度越小越好，这样才能保证刻出来的线条流畅细腻（图 16.3）。如果刀刃和纸面角度过大，刻出来的线条会变得参差不齐，会破坏画面效果（图 16.4）。

用正确的刀法刻出的线条圆润流畅（图16.5），而错误的刀法刻出的线条毛躁粗糙（图16.6）。

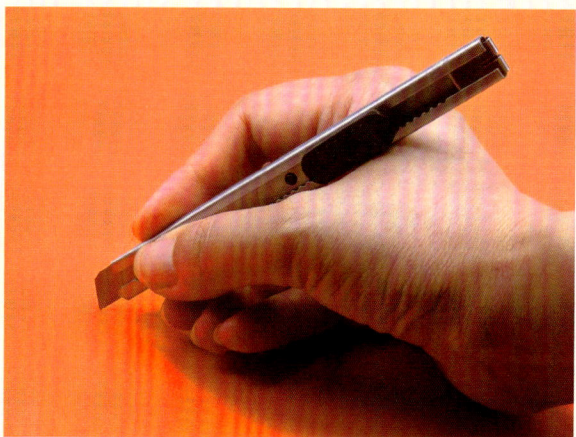

图 16.2 握笔式

图 16.3 正确的角度

图 16.4 错误的角度

图 16.5 正确的刀法

图 16.6 错误的刀法

✂ 技法运用

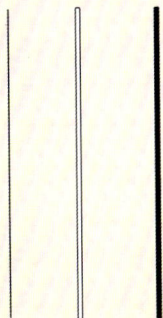

● 直线练习

1. 先画一根直线。

2. 把单直线画成双线，这样才能方便刻。

3. 沿着画出的线条，用刀刻出来。刀与纸面角度要小，力度要均匀。

● 曲线练习

1. 先画一根曲线。

2. 把单线画成双线。

3. 沿着双线刻出就好了。刻的时候，刀与纸面的角度要小，力度均匀，还可以在刻的同时转动纸张来刻出更加圆润的曲线。

● 简单组合练习

简单的短直线和短曲线，可以组合成一些简单的剪纸作品。

要练好刀工，就可以通过完成这些作品来进行练习。这能使我们更快熟悉刀的使用技法。

● 复杂组合练习

稍微复杂的作品，也可以用直线和曲线的组合来完成。为了锻炼我们的刀功，还可以进行比较复杂的曲线组合、直线组合练习。

✂ **练一练**

练习刻出短直线和短曲线。注意握刀的姿势和角度。

- - - - - - - - - - - - - - -

练习剪刻短直线和短曲线组合而成的作品，体会如何正确用刀。

- - - - - - - - - - - - - - -

练习剪刻由直线和曲线组合成的比较复杂的作品，熟悉如何用刀。

✂ 作品欣赏

小天使

小荷

大鱼

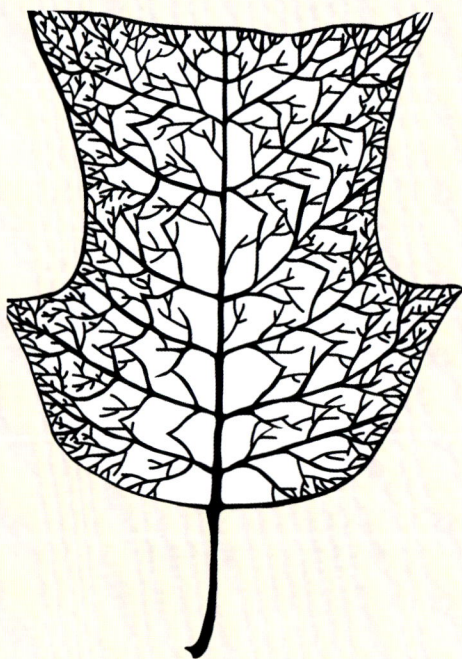

木叶

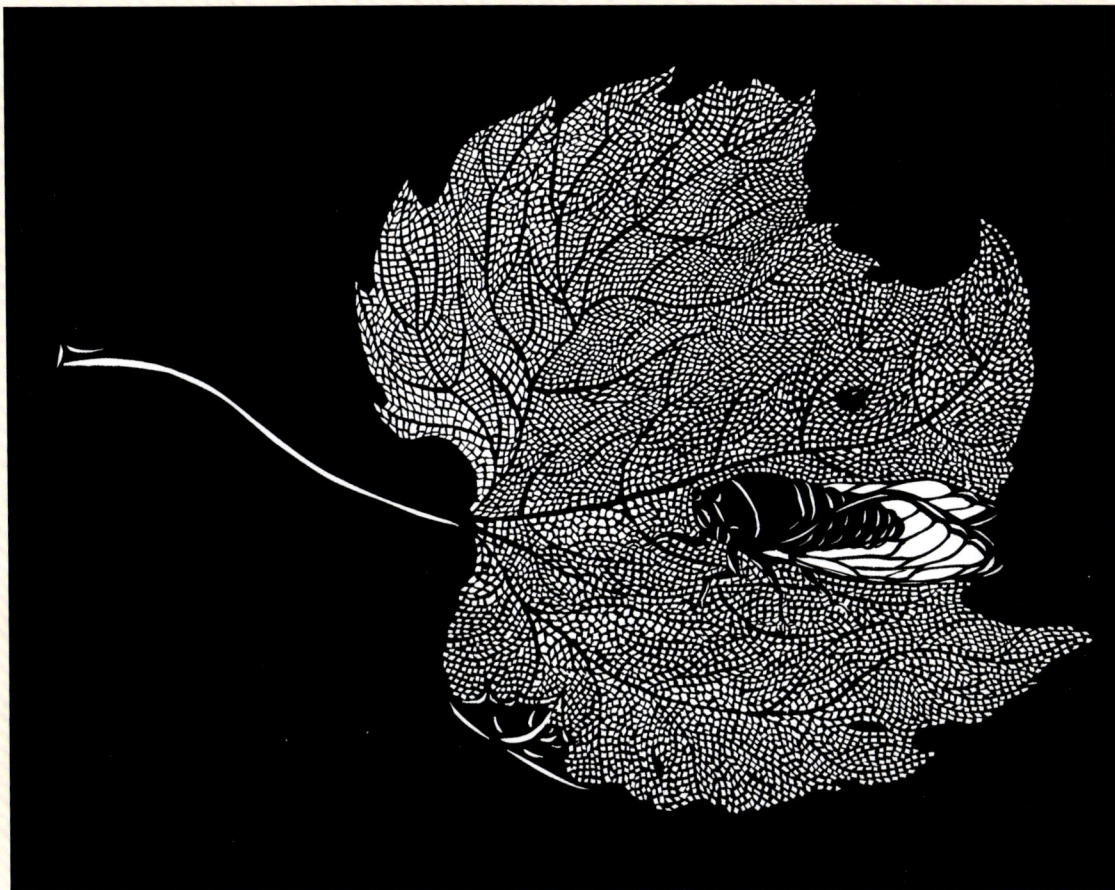

一叶知秋

一叶知秋（局部 1）

一叶知秋（局部 2）

第 17 课

复制与粘贴

在学习剪纸的过程中，临摹优秀作品是非常有效的学习方法。临摹能让我们尽快了解优秀作品的特点，既能够锻炼剪刻能力，也能让我们更加全面地理解作品，打好剪纸的基础。

✂ 技法运用

● 复制

临摹作品时，可以采用对临的方法把作品线稿画出来。用这种方法，作品的好坏取决于临摹人的绘画水平。当然，我们也可以用拷贝的方法实现完美复制，这样可以保证线稿的品质。

● 粘贴

剪纸作品完成后，粘贴好，装入相框。

✂ 方法步骤

● 拷贝

使用专业的拷贝台，可以方便我们把需要临摹的作品完整无误地复制下来，保证了线稿的质量，为进一步剪刻打好基础。

拷贝完成后，在制作作品时建议两到三张纸叠放在一起做，这样做出的效果比较好，而且更有效率。刀工好的同学，可以四张一起刻。建议叠加的纸不要超过八张，太厚了容易发生位移，影响作品质量。

1. 准备好纸张、需要临摹的作品（模板）、铅笔、订书机。

2. 将纸张与模板固定在一起，可以用订书机，上下各订一个钉即可。也可用"楼梯折叠法"折叠固定四个角。

3. 把订好的纸放在拷贝台上，开灯，沿着作品的边缘线将作品画出来。

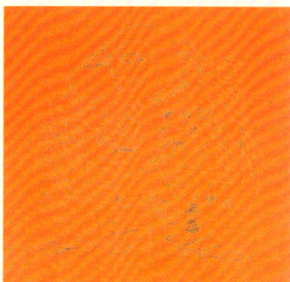

4. 如果对作品内形结构把握不准，还可以对照原图将需要剪刻掉的部分标记出来。拷贝结束后，关灯，拆下作品。

5. 把图中不需要的部分剪刻掉，剩下来的就是我们需要的作品了。

● 粘贴

粘贴剪纸作品时是需要讲究方法的，否则会影响作品的展示效果。

1. 准备背景纸，背景纸要比作品略大一点。

2. 在作品的操作面上涂上固体胶。可用点胶法，如图在作品上标记了蓝色的地方，抹上少量固体胶。

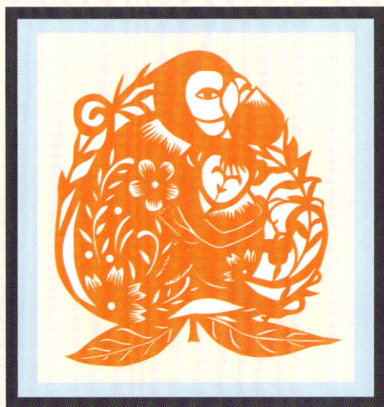

3. 把抹了固体胶的作品放到背景纸上，欣赏面朝上，从中间往四周方向粘贴。

4. 粘贴好，就可以装进相框了。

✂ 作品欣赏

云·福

云·禄

云·囍

剪出
精彩

衬色剪纸·云想衣裳

　　在我们的剪纸作品完成后，通常会将它装裱起来，放进相框里。这样既可以让作品更加具有形式美感，还能让剪纸作品保存得更久。

　　我们有很多方法进行二次装饰，让作品更有趣味性，比如用衬色的方式，可以增添作品的艺术气息。

✂ 技法运用

　　我们可以在做好剪纸作品后，用图片衬托的方式，让作品产生与众不同的效果。

✂ 方法步骤

1. 在纸上画出剪纸作品的画稿。

2. 用剪刀或刻刀完成剪纸作品。

3. 准备一些彩色花卉图片，放大到和作品等大。

4. 把彩色图片衬到剪纸作品下面，就可以得到不同效果的作品了。

小贴士: 如果没有合适的图片，也可以把作品拿到漂亮的自然环境下去拍照，会得到意想不到的效果哦！

✂ 作品欣赏

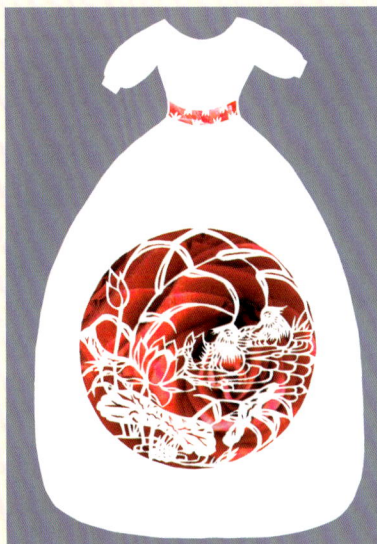

荷花鸳鸯裙

云朵牡丹裙

✂ 练一练

1. 设计并剪出作品。

2. 用彩色图片做衬托，让作品呈现不同效果。

鸳鸯戏水裙

争芳斗艳裙

第19课

多层次衬色剪纸

衬色剪纸是剪纸的一种，在单色剪纸的基础上，用不同的色彩去衬在单色剪纸后面，让作品产生色彩丰富的视觉效果。

✂ 方法步骤

● 衬色剪纸

要制作衬色剪纸，首先要制作一幅完整的单色剪纸。然后根据这幅作品的内容来设计所需要衬托的颜色，色彩的搭配要符合审美发展，对比与和谐，多样与统一均可。按照不同区域，剪出不同的大小，衬托在背后，完成作品。

1. 准备一张单色剪纸作品。

2. 设计好需要衬底的颜色，准备好相应颜色的纸张。

3. 取红色的纸，覆盖在蝴蝶翅膀锯齿纹处，打开拷贝台的灯。

4. 画出相应的形状，要比被衬托的形状稍大一点，方便粘贴。

5. 剪下之后，粘贴。要在单色剪纸的操作面上进行，这样作品的欣赏面才能整洁干净。可以同时剪两个，两边一起贴。

6. 给蝴蝶翅膀小花纹处衬上蓝色纸。

7. 给蝴蝶翅膀下部的锯齿纹处衬上黄色纸。

8. 给翅膀上的圆形和月牙形衬上不同色彩的纸。

9. 两边都衬好了，作品就完成了。

图19.1 衬色剪纸叶子　　　正面局部　　　背面局部

观察这幅作品(图19.1)及其背面,分析一下此作品用了怎样的制作方法。

● 多层多色衬色剪纸

在单层衬色的基础上,可以根据色阶,按照明暗递进做出更多层次。制作方法和单层衬色一样,只不过在同一区域,把不同色彩的纸张层层叠放衬托,形成装饰色调。

1. 准备好已经完成单层衬色的剪纸作品。

2. 用同样的方法,给作品衬托第二层色彩。

3. 完成3—4层就可以让作品的层次丰富,色彩更加吸引人。

● 先衬色后染色

衬色剪纸的方法简单易学,而且加上染色处理后,还可以让作品的色彩层次更加丰富。

1. 准备好单色剪纸作品。

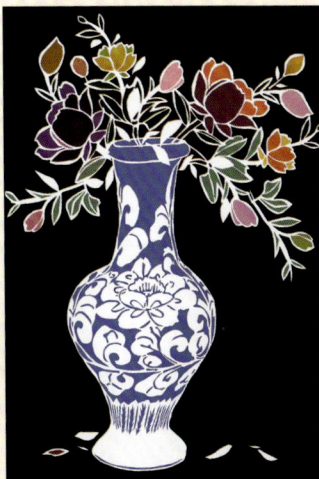

2. 给作品衬上色彩。

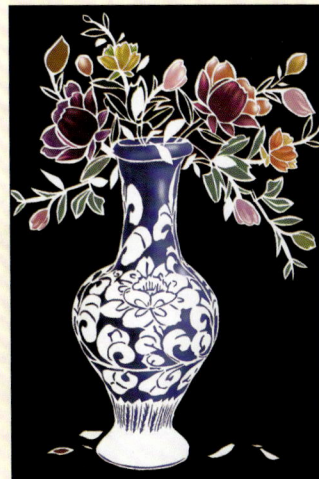

3. 给衬纸上色,处理明暗关系,让作品更加立体。

染色剪纸

染色剪纸是直接在作品上染色，用于衬托的纸，也进行染色处理。

1. 准备好一幅白色的剪纸作品。

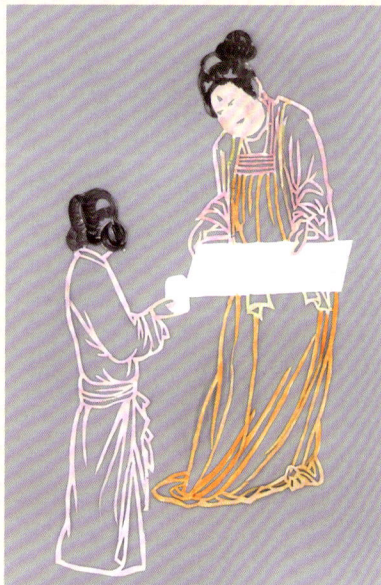

2. 给作品染上恰当的颜色。

3. 在作品上覆盖一张白纸，在拷贝台上，分区域染上不同色彩。

4. 把作品和背景贴到一起。

5. 把作品剪出后，贴到染色处理的背景纸上。

6. 调整画面，可以打印出二维码，贴在作品上，完成。

练一练

1. 完成一件色彩丰富的衬色剪纸作品。

2. 用多层衬色或者衬色染色结合的方法，完成一件剪纸作品。

✂ 作品欣赏

福

喜庆有余

蝶恋花

花旦

第 20 课

创意剪纸·致敬大师

亨利·马蒂斯（1869—1954）是法国著名艺术家，野兽派的创始人。他的绘画作品色彩鲜艳，对比强烈，给人留下深刻的印象。

马蒂斯的剪纸作品也和我们常见的剪纸不一样。他让助手把白纸刷上颜色，再把不同颜色的纸张叠放起来，用别针别好，剪出自由的造型，然后把各种图形和色彩组合起来，完成了巨幅的剪纸作品。他的剪纸作品造型生动，色彩和谐，题材多样。（图20.1～20.4）

图 20.1 波利尼西亚·海洋

图 20.2 坠落的伊卡洛斯

图 20.3 国王的忧伤

图 20.4 堆

✂ 技法运用

　　马蒂斯的剪纸作品由于色彩浓郁，尺幅巨大，装饰性强，所以通常被作为公共空间的装饰艺术品。我们也可以向大师学习，用马蒂斯的方法来创作剪纸作品，还可以给作品配上合适的相框，作为我们居住空间的装饰，以自己的作品向大师致敬。

✂ 方法步骤

● 马蒂斯风格的花

1. 在纸上画出造型自由的花朵形状。

2. 多个颜色的纸张叠放在一起，剪出不同颜色但是造型一致的花朵。

3. 把剪完花朵的负形也剪下来，备用。

4. 用同样的方法，再画一朵造型不同的花。

5. 叠放不同颜色的纸张，将花朵剪下来，得到一些颜色不同的花朵。

6. 把负形也剪好备用。

7. 把第一种花和其负形按不同颜色搭配，叠放起来，贴好。

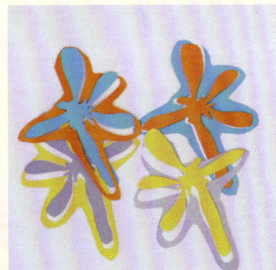

8. 把第二种花和其负形按不同颜色搭配，叠放起来，贴好。

9. 把剪第二种花剩下的作品调整位置叠放起来，贴好。

10. 把贴好的三组作品装入相框，挂在墙壁上。

抽象画风格

有一些艺术家，喜欢用线条和色块来创作作品，这样的抽象作品也可以用剪纸来表现。

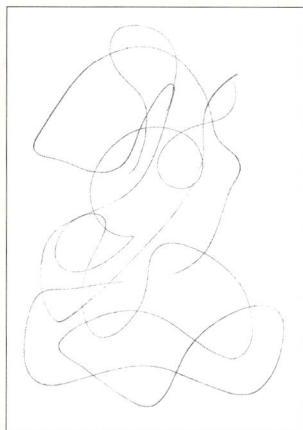

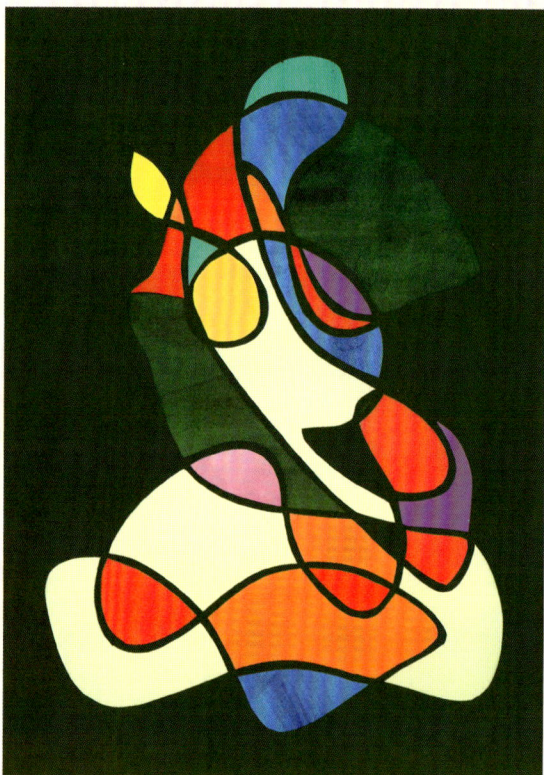

1. 在墨绿色的纸上，随机画出线条。

2. 把内形剪刻出来。

3. 给作品衬托上橙色，用铅笔画出轮廓，剪出来，贴好。

4. 用同样的方法，给作品衬上不同的色彩。

5. 给作品衬上冷暖不同的色彩，贴好，完成。

练一练

1. 构思一件具有马蒂斯剪纸风格的彩色剪纸作品。

2. 把自己的设计用剪纸的形式表达出来。

剪纸参考

✂ 作品欣赏

春分

芙蓉

立秋

追

肌理与质感·青铜时代

肌理指运用颜色厚薄不同的笔触或其他方法在画面上形成的表层组织效果。

质感是一种造型艺术术语，指对一定物质形态所具有的特质的感觉。

青铜器，古称"吉金"。青铜器是由红铜与锡、铅等元素形成的合金，刚铸造好的青铜器是金色的。由于长期的氧化锈蚀，青铜器周身遍布了铜绿色，因此称为青铜。夏、商、周朝因为生产工具主要为青铜器，且数量、种类极为繁盛，被称为"青铜时代"。（图 21.1）

青铜器包括食器、炊煮器、酒器、水器、乐器、礼器、兵器等。青铜器初期是作为实用器皿，后来也有陈设作用。随着社会的发展，青铜器则渐渐演化为文物，成为文化象征。

图 21.1　三星堆青铜人首

✂ 技法运用

传统剪纸一般是通过剪影形象来表现事物的，虽然也有染色剪纸和衬色剪纸在色彩上有变化，但是传统剪纸还是趋近于平面化。我们在传统剪纸的基础上，添加肌理与质感，让作品呈现出一种与传统剪纸不同的画面效果，更加具有艺术魅力。本课除了剪纸的常用材料，还会用到牛皮纸、白色打印纸、黑色丙烯颜料、水粉笔、吹风机、电熨斗。

✂ 方法步骤

一、处理纸张

1. 把一张白纸揉皱，尽量揉出细小褶皱。

2. 把揉皱的纸展开，摊平。

3. 用黑色颜料刷黑纸张，不需要刷得太均匀，颜料可以调淡一点，不用太饱和。

4. 全部刷黑后，用吹风机吹到八成干。

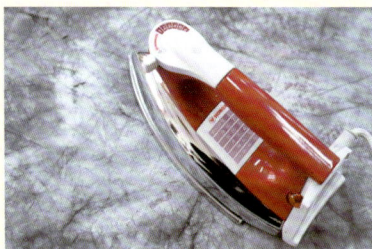

5. 把纸翻过来，用熨斗烫平。用低温熨烫，不要用有蒸汽功能的熨斗。

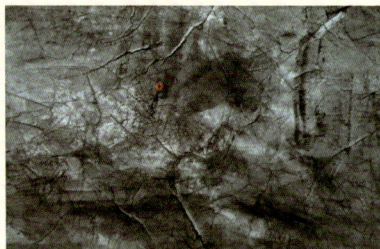

6. 这样就可以得到一张带有肌理的纸张了。

7. 将一张牛皮纸揉皱，摊平，刷深棕色和黑色，颜色调淡一些，反复多刷几次。

8. 刷完后把纸翻过来，用熨斗烫平。用高温熨烫。

9. 这样处理后就可以得到一张带有肌理的牛皮纸了。

二、完成作品主体部分

1. 在处理好的牛皮纸上剪出青铜匜的形状，备用。

2. 在处理过的白纸反面画出青铜匜纹饰的草图。注意画纹饰时要画镜像。

3. 剪出青铜匜上的纹饰，欣赏面朝上。

4. 把剪好的纹饰摆在牛皮纸上，调整位置，粘贴好。

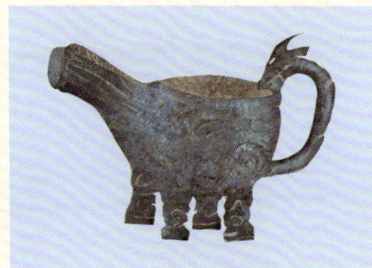

5. 调出铜绿色，给作品刷出锈迹。

6. 用白色刷出青铜器的高光部分，让作品产生立体感和质感。

三、完成作品背景部分

1. 准备一张白纸，揉皱，尽量揉出细碎的褶皱。

2. 展开纸张，调和蓝色与黑色，尽量调淡一点，上色。

3. 用熨斗烫平纸张。

4. 待干后，用反面来做背景。

5. 挡住背景纸的一部分，用干笔蘸灰蓝色淡淡刷出阴影，作为放置青铜器的台面。

6. 给报纸刷上浅灰蓝色，不用刷均匀，用吹风机吹干后，捏皱。

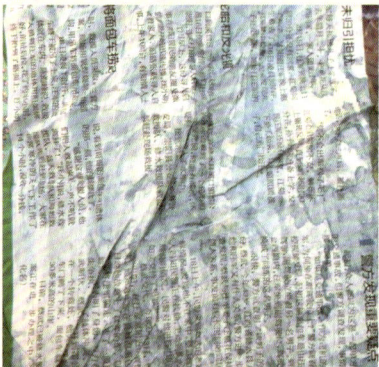

7. 用熨斗熨烫报纸，不用完全展开，直接烫出褶皱。

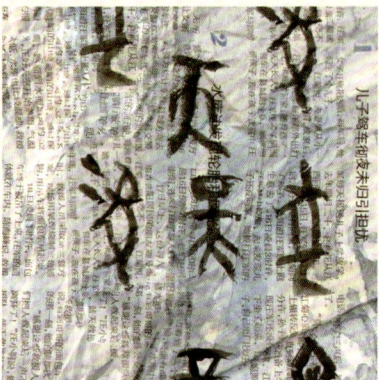

8. 在报纸上画出象形文字，撕下来，作为背景的装饰。

9. 在报纸上找出红色的部分，撕出印章的形状。将做好的青铜匜、象形字、印章等粘贴到背景纸上，完成。

✂ 作品欣赏

青铜爵

青铜剑

青铜编钟

青铜盉

青铜人首

第 22 课

肌理与质感·青花烟雨

青花瓷，学名白地青花瓷器，是中国瓷器的代表。（图 22.1）青花瓷以氧化钴为绘画原料，在陶胚上画出丰富多彩的纹饰，再罩上透明釉，烧成之后色泽青蓝，颜色鲜艳稳固。青花始于唐宋，成于元代，盛行于明清时期，康熙年间发展到了顶峰。通过海上丝绸之路，青花瓷出口到世界各地。现在，在世界知名的博物馆里，都能看到馆藏中国出口青花瓷杰作。

用剪纸的形式，对纸张做肌理效果，也可以做出青花瓷的质感。

图 22.1 青花瓷

✂ 技法运用

把纸做出青蓝色肌理，画出青花瓷的花纹，做出青花瓷底色的肌理，然后把花纹和底色贴到一起，做出青花瓷。本课除了剪纸的常用材料，还会用到白色打印纸、报纸、蓝色和黑色水粉颜料、水粉笔、吹风机、电熨斗。

✂ 方法步骤

1. 将纸张对折，画下半个花瓶的花纹。

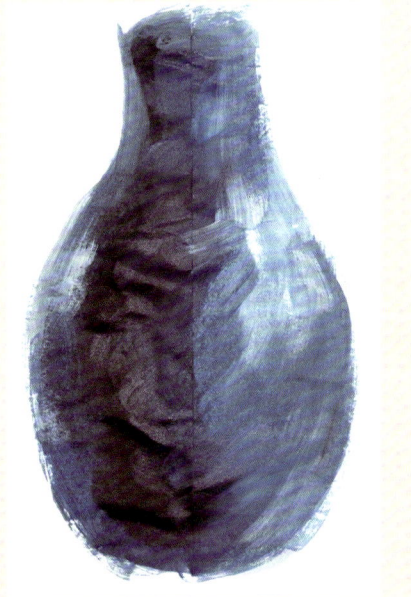

2. 展开，在反面用蓝色画出瓶子的大致明暗关系。

3. 沿着反面画好的花纹，完成剪纸作品。

4. 展开，适当调整色彩，表现立体感。

5. 将一张白纸揉皱，展开。

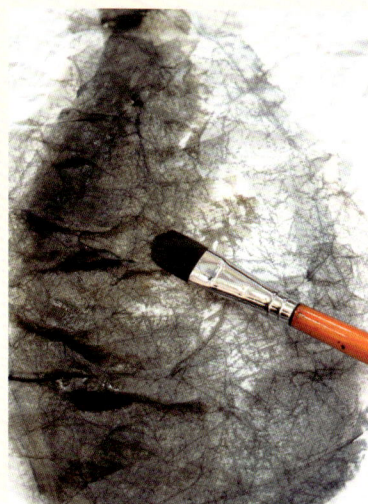

6. 用灰蓝色染色，渲染明暗关系，作为花瓶的底色，注意颜色不要过重。

7. 用吹风机把纸张吹干，用熨斗烫平。

8. 把已经完成的剪纸作品放到底色纸上，贴好。

9. 把多余的边剪掉。

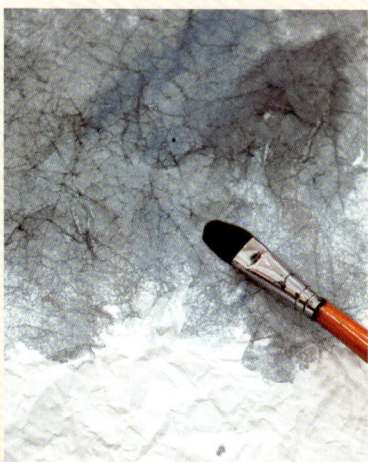

10. 把另一张纸揉皱，展开，染上灰蓝色，作为画面的背景。

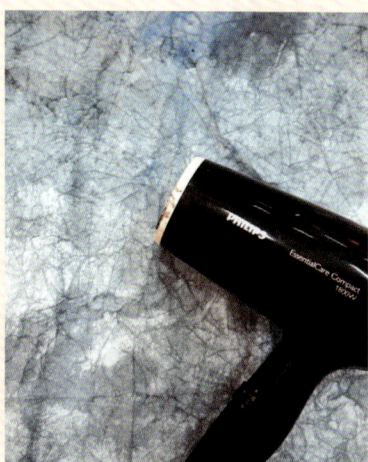

11. 把背景纸用吹风机吹干，再用熨斗烫平。

12. 把做好的青花瓷瓶放在背景纸上，贴好。

13. 把报纸撕成细条，备用。

14. 把纸条贴在背景纸上，并用干笔蘸黑色刷出肌理，作品完成。

练一练

1. 设计青花瓷器的外形和纹样。

2. 给青花瓷作品添加适当的背景。

✂ 作品欣赏

平平安安·牡丹

平平安安·缠枝

青花·栖息

青花·盛开

平平安安·玉兰

青花·蝴蝶

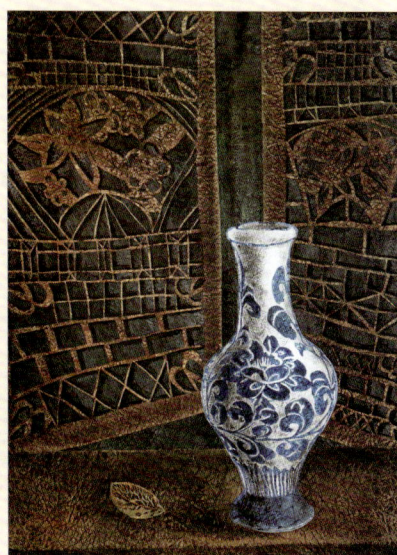
青花·落叶

立体剪纸·汉服娃娃

剪纸通常都是平面的，但将它与其他美术材料结合能创造出新颖有趣的作品。

超轻黏土也叫彩泥，可塑性强，可以很快塑造形体，干燥的速度也很快。彩泥的这些特点为剪纸和彩泥结合创作立体化的剪纸作品提供了可能。

当剪纸作品从平面走向立体，传统的剪纸图案也被赋予了更多意义。

图 23.1　汉服娃娃

技法运用

将彩泥和剪纸结合，能够借助彩泥塑形能力强的特点，创作出立体感强的作品来。（图 23.1）本课将用到剪刀、红色纸张、各色彩泥、瓦楞纸、白纸、竹签等工具材料。

方法步骤

1. 按六等分或八等分折叠。

2. 画上图案。

3. 按照图案剪刻内形。

4. 剪掉多余的部分。

5. 展开，得到两个圆环。

6. 将白色彩泥擀成一张大的泥片，要超过剪纸作品的大小。

7. 把剪纸贴在泥片上，贴牢。

8. 沿着作品边缘把泥片剪切成圆形，在正中心掏一个小圆。

剪出精彩

9. 用瓦楞纸和白纸包裹竹签，做成娃娃身体的支撑物。

10. 把做好的圆形泥片放到支撑物上，将中心捏紧，调整褶皱，做成裙子。用同样的方法做出衬裙，放在裙子里面。

11. 用红色彩泥做出娃娃的身体，放到裙子上端，贴牢，用肤色彩泥做脖子，白色彩泥做领子。

12. 用红色、白色、肤色彩泥捏两只手。

13. 把手安到身体上，调整好姿势。

14. 用肤色彩泥做脸、黑色彩泥做头发，把红色彩泥搓成细长条，做衣服的腰带。

15. 用黑色和红色彩泥做背后的辫子。

16. 用红色和白色彩泥做出一条飘带，缠绕在身上。背面的飘带要自然，具有动感。

17. 作品完成。

图 23.2 礼服娃娃

图 23.3 礼服团花

小贴士：除了做汉服娃娃，也可以做西式礼服娃娃（图 23.2）。裙子的花纹可以选择用比较复杂的团花（图 23.3）。

1. 将彩泥和剪纸结合，做一件人偶作品。

2. 剪一幅适合人偶风格的团花作品。

作品欣赏

粉衣仕女

紫衣仕女

提篮仕女

黛玉葬花

第24课

立体剪纸·变废为宝

随着网络购物的兴起，我们身边的包装盒开始多了起来。利用废旧材料做立体手工，既实用又环保。我们可以将所学的剪纸与这些立体手工结合，活学活用，赋予剪纸新的形式，既可以装饰美化我们的生活，又能够彰显剪纸的魅力与内涵。

✂ 技法运用

旧包装箱、快递盒子、饮料瓶子是我们身边常见的废旧材料。把它们和剪纸结合起来，就能变废为宝，创造出有趣的作品来。本课将用到瓦楞纸板、白纸、红纸、旧报纸、剪刀、美工刀、固体胶、铁丝、胶带等工具材料。

✂ 方法步骤

● 立体小·狗的制作

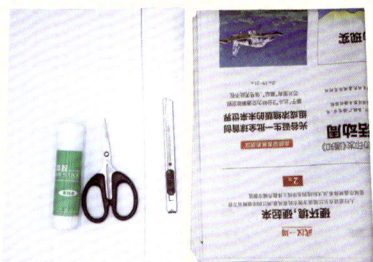

1. 准备工具。

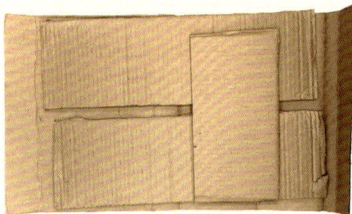

2. 将瓦楞纸裁切好。

3. 用瓦楞纸板做出长方体，作小狗身体的主体。

4. 将瓦楞纸卷起来做成圆柱体，做四个，作小狗的四肢。

5. 在身体底部以四肢直径为标尺，画出四个圆圈。用美工刀沿着圆形切开。

6. 依次把做好的四肢放进洞里，小狗的身体部分就完成了。

7. 用瓦楞纸做出梯形体，作小狗的头部。

8. 用瓦楞纸板剪出水滴的形状，把铁丝弯曲成锐角，用纸条把铁丝固定到水滴上，作小狗的两个耳朵。

9. 把一根铁丝放进报纸里，扭一扭，卷成尾巴的形状，将纸条粘贴固定。

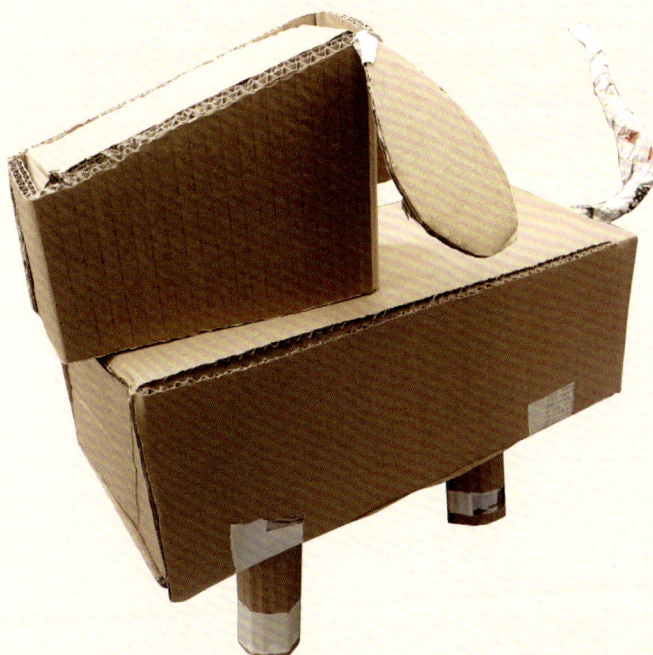

10. 用瓦楞纸板剪两个长方形，开口，做尾巴尖。

11. 把各个部件放到一起，确认大致效果，对细节进行微调。

12. 准备一大张白纸，把做好的头部包裹起来。先包面积大的面，后包面积小的面。

13. 包裹完成后，把多余的纸都放进底部粘好。用同样的方法，把其他部分都包裹起来。

眼睛

鼻子

头部毛发

耳朵

尾巴尖

前胸

后背

身体侧面

腿和后背

14. 把身体各部分的装饰用剪纸形式制作出来。眼睛、耳朵、身体侧面各做 2 个，腿和尾巴尖各做 4 个，其余各做 1 个，按照身体各部分的比例来确定比例大小。

15. 把剪纸作品贴到小狗身体各个部位，最后将小狗的各个部分组合起来，完成。

练一练

1. 收集身边的废旧材料。

2. 用废旧材料做一个立体手工。

3. 根据立体手工的外形，做出合适的剪纸作品，给立体作品做装饰。

✂作品欣赏

长颈鹿

外星人

小狗

大象

剪出
精彩

生生不息

牛年吉祥

花篮

菊英

孙悟空棒打牛魔王

夕阳无限好

农耕生活

工程车之一

工程车之二

工程车之三

工程车之四

图腾

大树

责任编辑：刘　莹
　　　　　鄂宝莹
整体设计：屈思怡
技术编辑：吴海峰

图书在版编目（CIP）数据

剪出精彩 / 张春莉编著．
-- 武汉 ：湖北美术出版社，2021.6
新时代中小学美术校本课程
ISBN 978-7-5712-0861-5

Ⅰ．①剪…
Ⅱ．①张…
Ⅲ．①剪纸－技法（美术）－中小学－教材
Ⅳ．① G634.955.1

中国版本图书馆 CIP 数据核字（2021）第 047634 号

出版发行：长江出版传媒　　湖北美术出版社
地　　址：武汉市洪山区雄楚大街 268 号 B 座
电　　话：(027) 87679525　87679563
邮政编码：430070
制　　版：武汉象形图文设计工作室
印　　刷：武汉市金港彩印有限公司
开　　本：889mm×1194mm　　1/16
印　　张：5
版　　次：2021 年 6 月第 1 版
　　　　　2021 年 6 月第 1 次印刷
定　　价：36.00 元